S0-BFE-941

LA HISTORIA DE LOS ESTADOS UNIDOS EN SUMA

ESCRITO POR MARC GAVE

ADAPTADO POR FERNANDO GAYESKY

Tabla de contenido

1. Explorar nuevas tierras 2

2. Una nueva nación 6

3. La nación dividida 14

4. Nuevas fronteras, nuevos ciudadanos 18

5. Luchas por el poder 23

6. La última frontera 26

7. Línea cronológica de la historia de los Estados Unidos: una perspectiva. 28

¡Resuélvelo! Respuestas. 30

Glosario 31

Índice 32

Explorar nuevas tierras

En 1492, el explorador italiano Cristóbal Colón se embarcó en un viaje a través del Océano Atlántico. Después de dos meses, sus barcos, la *Pinta*, la *Niña* y la *Santa María*, llegaron a San Salvador, una isla en las Bahamas.

En el siglo que siguió la vida de Colón, muchos exploradores visitaron lo que son hoy día los Estados Unidos. Estos exploradores le deben a Colón su éxito. Colón se atrevió a cruzar el océano, ¡y vivió para contarlo!

↑ Este mapa muestra las rutas que siguieron algunos de los exploradores que llegaron a lo que son hoy día los Estados Unidos, un siglo después de la llegada de Colón.

← Cristóbal Colón

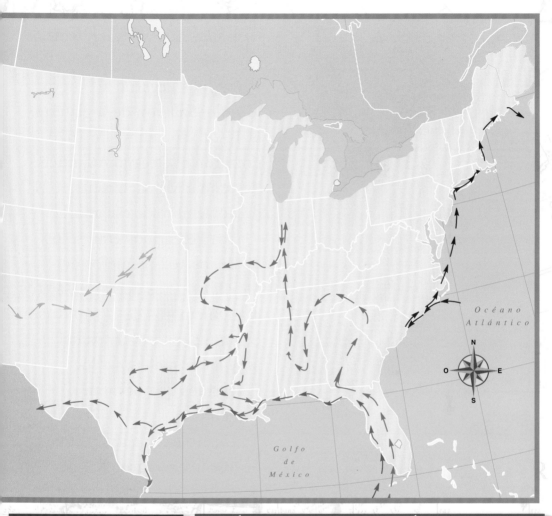

Océano
Atlántico

N
O   E
S

Golfo
de
México

CLAVE

 Verrazano, 1524

Cabeza de Vaca,
1528

De Soto, 1539

Coronado, 1540

Drake, 1579

LÍNEA CRONOLÓGICA DE
LOS EXPLORADORES

Haz una línea cronológica de las exploraciones
en el mapa, incluyendo el primer viaje de Colón.
Comienza en 1490 y dibuja marcas cada 10 años
hasta 1590. Luego, dibuja puntos en la línea
cronológica en cada año en que un explorador
llegó a América. Cuando un año esté entre dos
marcas, estima para decidir dónde dibujarlo.

← el *Mayflower*

En los 100 años siguientes a la exploración de América, los Peregrinos llegaron al Nuevo Mundo. Salieron de Inglaterra el 16 de septiembre de 1620, cruzaron el Océano Atlántico y llegaron a Massachusetts el 21 de noviembre de ese año.

Los Peregrinos eran sólo 37 de los 102 pasajeros del *Mayflower*. Los demás pasajeros eran miembros de la tripulación o gente que los dueños del *Mayflower* pidieron a los Peregrinos que llevaran con ellos.

Ciento trece años después de que los Peregrinos desembarcaran en Plymouth Rock se estableció la última de las trece colonias.

¡ASÍ FUE!

El primer **asentamiento** europeo permanente en lo que hoy son los Estados Unidos no se encontraba en una de las trece colonias originales. Era el asentamiento español de St. Augustine, en Florida, que se estableció en 1565.

→

El barco transoceánico moderno *Queen Elizabeth II* (*QE2*), puede navegar hasta unas 37 millas por hora.

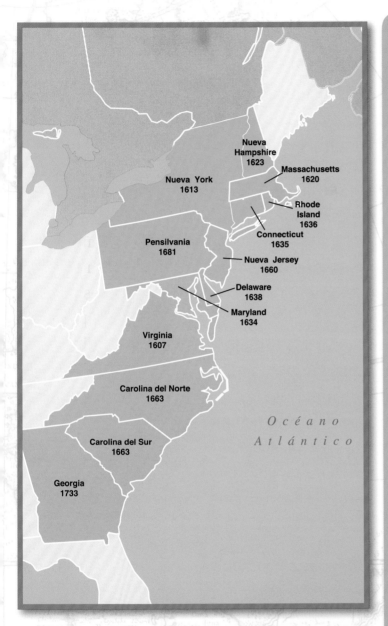

Nueva
Hampshire
1623

Massachusetts
1620

Nueva York
1613

Rhode
Island
1636

Connecticut
1635

Pensilvania
1681

Nueva Jersey
1660

Delaware
1638

Maryland
1634

Virginia
1607

Carolina del Norte
1663

Océano
Atlántico

Carolina del Sur
1663

Georgia
1733

¡RESUÉLVELO!

1 **¿Cuántos días tardó el *Mayflower* en cruzar el Atlántico, contando el día en que salió y el día en que llegó?**

La distancia entre Inglaterra y Massachusetts es de unas 3,200 millas. Usa una calculadora para averiguar el promedio de millas diarias que recorrió el *Mayflower*.

¿Aproximadamente, cuánto tiempo le tomaría al recorrer la misma distancia al *QE2*?

2 **Haz una tabla con los nombres de las trece colonias originales en la columna izquierda y las fechas de los primeros asentamientos en la columna derecha. Ordena las colonias desde la primera fecha hasta la última.**

Una nueva nación

El 18 de abril de 1775, Paul Revere esperó a recibir una señal con una linterna desde la iglesia Old North de Boston. La señal indicaría por dónde se acercaban las tropas británicas. "Una señal significaba que venían por tierra, dos señales que venían por mar". Pronto, Paul Revere comenzaría su famoso recorrido a caballo para avisar a los **patriotas** que los británicos iban a atacar.

Revere fue capturado por los británicos, pero otros dos jinetes que lo acompañaban llegaron a su destino. Cuando los británicos llegaron a Concord a la mañana siguiente dispuestos a destruir las armas y municiones que guardaban los colonos, los patriotas estaban listos. ¡La Guerra de Independencia había comenzado!

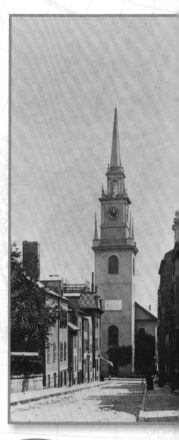

↑ Paul Revere era también un famoso artesano de la plata.

¡ASÍ FUE!

Viajar de un lado a otro, a pie o a caballo, tomaba mucho tiempo en la América colonial. Quizás es por eso que la guerra duró seis años y medio. ¡Mucho después de que los británicos se rindieran todavía se seguía luchando!

← Paul Revere comenzó su famoso recorrido a caballo en la iglesia Old North de Boston, Massachusetts.

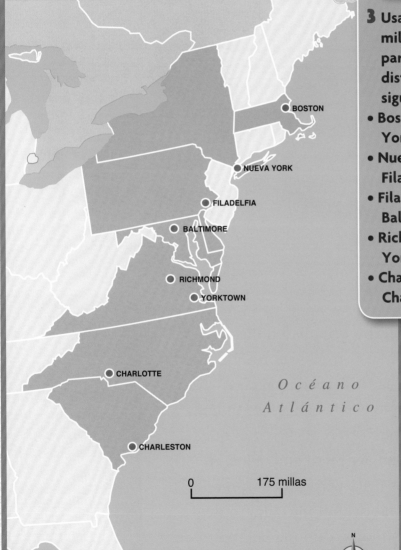

BOSTON

NUEVA YORK

FILADELFIA

BALTIMORE

RICHMOND

YORKTOWN

CHARLOTTE

CHARLESTON

Océano Atlántico

0   175 millas

N
O   E
S

¡RESUÉLVELO!

3 Usa la escala de millas del mapa para averiguar la distancia entre las siguientes ciudades:
- Boston y Nueva York
- Nueva York y Filadelfia
- Filadelfia y Baltimore
- Richmond y Yorktown
- Charlotte y Charleston

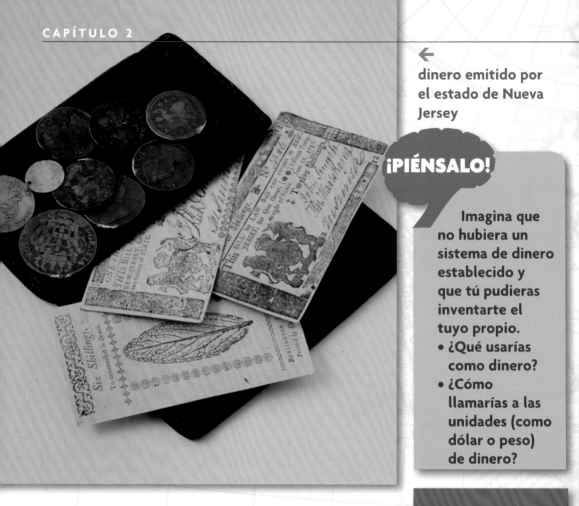

← dinero emitido por el estado de Nueva Jersey

¡PIÉNSALO!

Imagina que no hubiera un sistema de dinero establecido y que tú pudieras inventarte el tuyo propio.
- ¿Qué usarías como dinero?
- ¿Cómo llamarías a las unidades (como dólar o peso) de dinero?

Como el gobierno británico no les permitía fabricar sus propias monedas, comenzaron a usar billetes de papel. A mediados del siglo XVIII había más billetes en las colonias que oro o plata por el que los billetes podían ser intercambiados. A causa de eso, los británicos ordenaron a los colonos que no fabricaran más dinero de papel. Como resultado, durante la Guerra de Independencia, y mucho tiempo después, los colonos usaban dinero británico, francés y español.

¿CUÁNTO CUESTA?

Incluso después de que se formara el gobierno de los Estados Unidos, la gente aún podía usar monedas extranjeras. Los bancos de cada estado emitían sus propios billetes, que muchas veces no servían para nada. Y el precio de las cosas muchas veces dependía de lo que se usaba para pagar por ellas.

Poco después de que se fundaron los Estados Unidos de América, se hizo el primer **censo** (lista de los habitantes de un país). Desde ese primer censo en 1790, ha habido un censo cada 10 años. Por supuesto que los censos no siempre son exactos ya que la gente nace, se muda y muere mientras se lleva a cabo el censo.

Debajo hay un cuadro con la información del censo de 1790. La población de cada estado se ve en miles de personas.

CENSO DE 1790

Connecticut	238
Delaware	59
Georgia	83
Kentucky	74
Maine	97
Maryland	320
Massachusetts	379
Nueva Hampshire	142
Nueva Jersey	184
Nueva York	340
Carolina del Norte	395
Pensilvania	434
Rhode Island	69
Carolina del Sur	249
Vermont	85
Virginia	748

¡RESUÉLVELO!

4 ¿Cuáles eran los tres estados con mayor población en 1790?

¿Cuáles eran los tres estados con menos habitantes?

Hoy en día, en la ciudad de Nueva York viven aproximadamente 8 millones de personas. ¿Es ese número la mitad, aproximadamente el mismo, o el doble del número de personas que vivía en todos los estados del cuadro en 1790?

En 1803, los Estados Unidos le compraron a Francia una extensa región de América del Norte. Esta región, llamada la Compra de Luisiana, casi dobló el territorio de los Estados Unidos hacia el oeste. Esta región fue dividida más tarde en trece estados, algunos estados enteros y parte de otros.

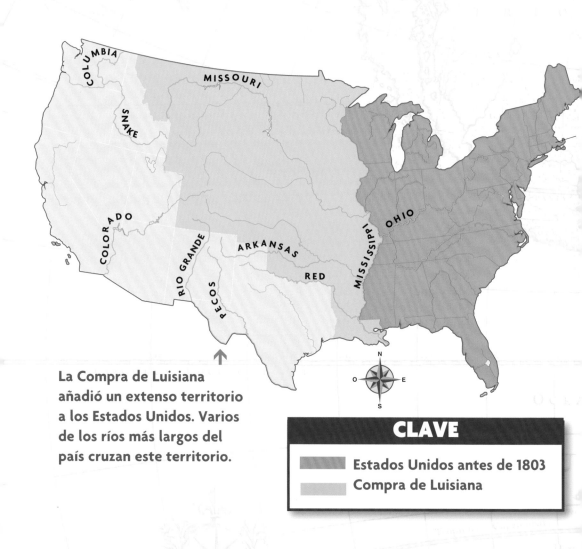

La Compra de Luisiana añadió un extenso territorio a los Estados Unidos. Varios de los ríos más largos del país cruzan este territorio.

CLAVE

Estados Unidos antes de 1803

Compra de Luisiana

En 1804, el presidente Thomas Jefferson contrató a Meriwether Lewis y William Clark para explorar el territorio de Luisiana. En su viaje hacia el oeste, los dos exploradores siguieron muchas veces el curso de los ríos.

LOS DIEZ RÍOS MÁS LARGOS DE LOS ESTADOS UNIDOS

Los ríos siempre fueron importantes en la historia de los Estados Unidos. Estos son los diez ríos más largos del país.

Missouri	2,540 millas
Mississippi	2,340 millas
Yukon	1,980 millas
St. Lawrence	1,900 millas
Rio Grande	1,900 millas
Arkansas	1,460 millas
Colorado	1,450 millas
Atchafalaya	1,420 millas
Ohio	1,310 millas
Red	1,290 millas

¡RESUÉLVELO!

5 Para hacer el recorrido más largo a través de ríos en los Estados Unidos debes navegar por el río Red Rock hasta el Missouri, seguir hasta el río Mississippi y luego hasta el Golfo de México. El río Red Rock mide 225 millas. Si el recorrido total es de 3,710 millas, ¿qué distancia se recorre por el Mississippi desde la boca del Missouri hasta el Golfo de México?

A fines de la década de 1840 y principios de la de 1850, mucha gente del Este del país se mudó a California. Podían elegir entre tres rutas igualmente difíciles. A lo largo de cualquiera de las rutas, el viaje podía durar hasta seis meses. Una ruta era en barco, rodeando el extremo sur de América del Sur. Otra era navegar hasta Panamá para luego cruzar por tierra la parte más estrecha y navegar otra vez hasta California. La última de las rutas era ir a pie o por carreta a través de territorios inexplorados y de las montañas de los Estados Unidos.

¿Por qué medio millón de personas viajaron a California en esa época? ¡Por la fiebre del oro! El oro, en general, se encuentra en las profundidades de la Tierra. Pero en enero de 1848 se encontró oro en el río American, en California. En menos de un año se desató la fiebre del oro.

Más tarde se encontró oro en Colorado (1858), Nevada (junto con plata en 1859) y Alaska (1896), entre otros lugares.

↑ **Un póster de 1849 anuncia la venta de pasajes a San Francisco, California, desde Nueva Bedford, Massachusetts.**

¡RESUÉLVELO!

6 El precio del oro sube y baja. Cuando se escribió este libro, la onza de oro valía unos $260. Si valieras tu peso en oro, ¿qué valor tendrías?

Océano
Atlántico

Océano
Pacífico

N
O   E
S

A la gente que participó en la fiebre del oro la llamaban Forty-Niners, que significa "del 49", ya que ese fue el año en que la mayoría de los pioneros dejaron sus hogares para buscar oro.

↑
Los estadounidenses que vivían en la costa del Este acostumbraban a viajar por mar. Los que vivían tierra adentro iban por tierra. Era más corto, pero no más rápido.

CLAVE

■	por tierra
■	en barco
■	por tierra y en barco

La nación dividida

Poco más de diez años después de la fiebre del oro, otro tipo de fiebre pasó por el país: la fiebre de la guerra. Algunas personas creen que la Guerra Civil estalló por la esclavitud. Otros creen que fue una lucha por los derechos de los estados. Y otros creen que fue una guerra económica.

↑ **Abraham Lincoln**

En las elecciones de 1860, el país estaba profundamente dividido. Abraham Lincoln, el candidato del Partido Republicano, adoptó una posición moderada en contra de la esclavitud, por lo que no tuvo mucho apoyo en el Sur. El Partido Demócrata propuso a Stephen Douglas pero los delegados del sur se separaron y nombraron a su propio candidato, John C. Breckenridge. Un cuarto candidato, John Bell, fue propuesto por el Partido de Unión Constitucional.

Lincoln no ganó la mayoría del voto popular pero ganó la mayoría de los votos en el **Colegio Electoral**, que es necesaria para convertirse en presidente.

¡ASÍ FUE!

En 1861 había dos presidentes en los Estados Unidos. Jefferson Davis era el presidente electo de los Estados Confederados de América que se formaron cuando once estados del Sur se separaron de la Unión.

↑ Stephen Douglas

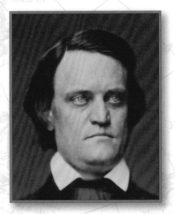

↑ John C. Breckenridge

↑ John Bell

CLAVE

- A. Lincoln
- J. Bell
- S. Douglas
- J. Breckenridge

¡RESUÉLVELO!

7 ¿Cuántos votos electorales obtuvo cada candidato en las elecciones de 1860? ¿Cuál fue el número total de votos electorales en esas elecciones? Si un candidato necesitaba más de la mitad del total de los votos para tener acceso o entrada a la Casa Blanca, ¿cuántos votos necesitaba Lincoln?

← Esta pintura muestra una plantación de algodón en el Sur cerca de 1854.

El Sur y el Norte eran muy diferentes desde antes de que los estados del sur se separaran. La mayoría de las fábricas estaban en el Norte. La economía del Sur dependía de la exportación de algodón. La mayoría de las personas más ricas vivían en el Sur. Y casi un tercio de los sureños poseía esclavos.

POBLACIÓN DE ESCLAVOS EN EL SUR

- El 47 por ciento de la población en la parte baja del Sur (Alabama, Florida, Georgia, Luisiana, Mississippi, Carolina del Sur, Texas) eran esclavos.
- El 29 por ciento de la población en la parte alta del Sur (Arkansas, Carolina del Norte, Tennessee, Virginia) eran esclavos.
- El 13 por ciento de la población en los estados de la frontera (Delaware, Kentucky, Maryland, Missouri) eran esclavos.

47%
parte baja del Sur

29%
parte alta del Sur

13%
estados de la frontera

ND
5

MN
2

ID
1

PA
2

OH
2

IN
1

D.C.
1

CO
1

WV
15

VA
123

MD
7

KS
4

MO
27

KY
11

TN
38

NC
20

NM
2

OK
7

AR
17

SC
11

GA
31

MS
16

AL
7

TX
5

LA
23

FL
6

Pacific Ocean

Atlantic Ocean

Gulf of Mexico

N
O E
S

CLAVE

territorios donde tuvieron lugar batallas

estados donde tuvieron lugar batallas

Las 385 batallas más importantes de la Guerra Civil (1861–1865) tuvieron lugar en 20 estados, 5 **territorios** y en el Distrito de Columbia. De todas estas batallas, 123 ocurrieron sólo en Virginia. El segundo estado con más batallas fue Tennessee, con 38. Colorado, Idaho, Nuevo México, Dakota del Norte y Oklahoma eran todavía territorios, no estados.

⊕ ⊗ ⊖ ⊕
¡RESUÉLVELO!

8 Usa una calculadora para averiguar cuál fue el porcentaje de batallas que tuvieron lugar en Virginia. ¿Cuáles fueron los cinco estados con mayor cantidad de batallas?

La Fábrica de Estampados Manchester en Manchester, Nueva Hampshire, era una de las muchas fábricas textiles del Norte. Este grabado fue hecho cerca de 1854.

Nuevas fronteras, nuevos ciudadanos

Después de la Guerra Civil aumentó el movimiento de la población hacia el oeste. La **región fronteriza** atraía a muchos estadounidenses que esperaban encontrar tierras baratas, nuevos trabajos y una vida mejor.

Pero las promesas de la región fronteriza no eran tan fáciles. Pueblos y ciudades parecían formarse de la noche a la mañana. Las construcciones se hicieron rápidamente y sin demasiado cuidado. Había pocas rutas, los trenes circulaban muy poco y casi no existían sistemas de agua corriente y desagües.

Algunas veces había que reconstruir ciudades enteras. Un incendio destruyó Chicago en 1871 y un terremoto destruyó San Francisco en 1906.

¿CUÁNTA GENTE VIVÍA EN LAS CIUDADES?

Estas son las poblaciones de algunas ciudades del oeste y el medio oeste. El guión significa que la ciudad no existía en 1850.

	1850	1900
Chicago, IL	29,963	1,698,575
Denver, CO	--	133,859
Houston, TX	2,396	44,633
Kansas City, MO	--	163,752
Omaha, NE	--	102,555
Portland, OR	--	90,426
San Francisco, CA	34,776	342,782
Seattle, WA	--	80,671

¡RESUÉLVELO!

9 De las ciudades que existían en 1850, ¿cuál población creció más en 1900? ¿Cuántas veces se multiplicó la población de esa ciudad entre 1850 y 1900?

el terremoto e incendio de San Francisco en 1906

el incendio de Chicago en 1871

↑
Esta pintura muestra la cuenca baja de las aguas termales Mammoth, en el Parque Nacional Yellowstone, durante la década de 1870.

Estos inmigrantes en un barco en el → puerto de Nueva York, se dirigen a la isla Ellis y ven Nueva York por primera vez.

¿QUÉ TAMAÑO TIENEN LOS PARQUES?

Los parques nacionales tienen diferentes tamaños. En general se miden en acres.

PARQUE	ACRES
Yellowstone (WY, MT, ID)	2,219,791
Yosemite (CA)	761,236
Petrified Forest (AZ)	93,533
Everglades (FL)	1,507,850
Wrangell-St. Elias (AK)	8,363,618
Denali (AK)	4,741,800
Glacier Bay (AK)	3,322,794
Acadia (ME)	46,998
Mammoth Cave (KY)	52,830
Carlsbad Caverns (NM)	46,766

A medida que la zona fronteriza comenzó a poblarse más y más, el Congreso comenzó a separar tierras para crear "un parque público o área de recreación para el beneficio y disfrute de la gente". En 1872, el Parque Nacional de Yellowstone, que se encuentra en partes de Wyoming y Montana, se convirtió en el primer parque de ese tipo.

Aquellos que iban al oeste no sólo eran estadounidenses nativos, sino también **inmigrantes**. Los Estados Unidos ha sido siempre un país de inmigrantes. Desde los primeros colonos que llegaron desde Asia hace miles de años o los primeros europeos que llegaron buscando riquezas o libertad de religión hasta los más recientes inmigrantes que llegan escapando de las guerras o el hambre, todos eligieron este país para establecerse.

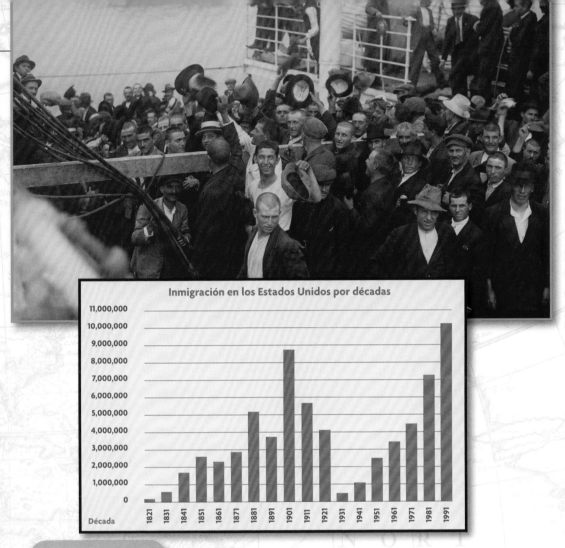

Inmigración en los Estados Unidos por décadas

| Década | 1821 | 1831 | 1841 | 1851 | 1861 | 1871 | 1881 | 1891 | 1901 | 1911 | 1921 | 1931 | 1941 | 1951 | 1961 | 1971 | 1981 | 1991 |

10 En una milla cuadrada hay 640 acres. Usa esta información y el cuadro de la página anterior para averiguar:

- Cuántas millas cuadradas hay en el Parque de Yellowstone.
- Cuántas millas cuadradas hay en el Parque Wrangell-St. Elias.
- Cuántos de los parques en la lista son más grandes que el estado de Rhode Island, que mide 1,565 millas cuadradas.

11 ¿Durante qué década se registró mayor inmigración? ¿Durante qué otras décadas fue también muy alta la inmigración?

La fotografía muestra a una familia frente a su rancho en California durante la década de 1890.

La vida en la región fronteriza no era fácil. La gente que se estableció allí tuvo que enfrentar grandes problemas. De hecho, la vida en esta época seguramente te resultaría muy difícil. Por ejemplo, ¿te imaginas cómo sería la vida sin electricidad? Cuando se inventaba algo nuevo pasaba mucho tiempo antes de que se usara en todas partes.

¿CUÁNDO COMENZÓ A FUNCIONAR CON ELECTRICIDAD?

Teléfono	1876
Fonógrafo	1877
Bombilla de luz	1879
Ventilador	1882
Plancha	1882
Aspiradora	1907
Aparato de radio	1913
Tostadora automática	1918

Luchas por el poder

Mientras los europeos llegaban en masa a los Estados Unidos, los países más poderosos de Europa iban camino de una guerra. En el verano de 1914, el **asesinato** del **heredero** al trono del imperio Austrohúngaro causó la Primera Guerra Mundial. Poco después, el Imperio Austrohúngaro y Alemania (los poderes centrales) luchaban contra Gran Bretaña, Francia y Rusia (los aliados). Pronto otros países se unieron a la lucha. Los Estados Unidos entró en la guerra en 1917 y ayudó a ganarla en noviembre de 1918.

↑ Este póster de 1918 pide a la gente que compre bonos de guerra para ayudar a los Estados Unidos a pagar los costos de la Primera Guerra Mundial.

¡RESUÉLVELO!

12 El número total de soldados que lucharon en la Primera Guerra Mundial fue de 65 millones. De ellos, 8.5 millones murieron.
- ¿Qué porcentaje del total de soldados murieron?
- De los 4.7 millones de soldados estadounidenses que participaron en la guerra murieron 117,000. ¿Ese porcentaje fue mayor o menor que el total mundial?

una larga fila de hombres desempleados que esperan para recibir sopa y pan durante la Gran Depresión

En octubre de 1929, la **bolsa de valores** se hundió. En 1933, las acciones valían menos del veinte por ciento de su valor máximo en 1929. Muchas empresas se cerraron, las fábricas dejaron de funcionar, los bancos se arruinaron y los ingresos de la agricultura se redujeron a la mitad. Cerca de una cuarta parte de los trabajadores quedaron desempleados. Había comenzado la Gran Depresión.

¡RESUÉLVELO!

13 En promedio, si algo costaba un dólar en 1933, hoy costaría $13. Por lo tanto, si el precio de un producto es más de 13 veces más caro hoy en día, significa que en 1933 el producto era muy barato. ¿Cuáles de los productos de la tabla eran muy baratos en 1933?

¿ERA BARATO?

La columna de la izquierda muestra los precios en las tiendas de alimentos de Indiana en 1932–1933. La columna de la derecha muestra ejemplos de los precios hoy en día. Los precios pueden ser diferentes a los de tu tienda.

Tocino cortado, 1 lb	$0.15	$1.99
Mantequilla, 1 lb	0.24	2.99
Café, 1 lb	0.32	2.99
Salchichas, 1 lb	0.13	1.99
Gelatina, 3 paquetes	0.29	1.99
Naranjas, 1 docena	0.29	2.99
Mantequilla de cacahuate, 2 lb	0.15	3.99
Arroz, 5 lb	0.19	2.39
Espagueti, 3 lb	0.25	1.49
Fresas, 1 pinta	0.19	1.49

Los Estados Unidos no acabaron de recuperarse de la Gran Depresión hasta la Segunda Guerra Mundial, cuando la economía se concentró en apoyar la campaña militar.

Al igual que en la Primera Guerra Mundial, los Estados Unidos no participaron desde el comienzo, en 1939. No fue sino hasta el 7 de diciembre de 1941, cuando los japoneses bombardearon Pearl Harbor, en Hawai, que los Estados Unidos entraron en la guerra.

¡RESUÉLVELO!

14 En una tonelada hay 2,000 libras. ¿Cuál fue la fuerza de cada bomba en libras?

En agosto de 1945 los Estados Unidos lanzaron bombas atómicas sobre las ciudades japonesas de Hiroshima y Nagasaki. Los ataques causaron una cantidad de muertes y destrucción tremenda y forzaron a los japoneses a rendirse.

La bomba atómica que cayó en Hiroshima tenía una fuerza equivalente a 15,000 toneladas de TNT. La bomba que cayó sobre Nagasaki tenía la fuerza de 22,000 toneladas de TNT.

↑ Una nube en forma de hongo se forma tras la explosión de la bomba atómica en Hiroshima, el 6 de agosto de 1945.

↑ Así se veía Hiroshima después de la explosión de la bomba atómica.

CAPÍTULO 6

La última frontera

En la década de 1950, los estadounidenses volvieron su mirada hacia una nueva frontera: el espacio. A medida que se planeaban más y más vuelos espaciales, las distancias comenzaron a medirse en cientos de miles o cientos de millones de millas.

El 20 de julio de 1969, Neil Armstrong y Buzz Aldrin se convirtieron en los primeros astronautas en **alunizar** en la Luna. La gente en todo el país y el mundo entero pudo ver la superficie de la Luna a través de imágenes transmitidas vía satélite a sus pantallas de televisión.

ALUNIZAJES EXITOSOS

Apollo 11	20 de julio de 1969
Apollo 12	14 de noviembre de 1969
Apollo 14	31 de enero de 1971
Apollo 15	26 de julio de 1971
Apollo 16	16 de abril de 1972
Apollo 17	7 de diciembre de 1972

↑ El astronauta Buzz Aldrin está parado junto a una bandera estadounidense en la Luna durante la misión Apollo 11.

←

El Apollo 11 se ve en la plataforma de lanzamiento sobre el cohete Saturn V que lo impulsó a la Luna el 16 de julio de 1969.

➕ ✖ ➖ ➕
¡RESUÉLVELO!

15 Si la Luna se encuentra a 238,000 millas de la Tierra, ¿cuántas millas recorrieron en total los astronautas en las seis misiones Apollo que resultaron exitosas?

El Apollo 11 fue la primera de seis exitosas misiones que llevaron a cabo los estadounidenses en la Luna. Sin embargo, una de las misiones casi acaba en desastre. El Apollo 13, que dejó la Tierra el 11 de abril de 1970, nunca llegó a la Luna porque el sistema eléctrico que se usó para que los astronautas sobrevivieran en el espacio tuvo grandes problemas. Afortunadamente, los astronautas consiguieron volver a casa a salvo.

CAPÍTULO 7

Línea cronológica de la historia de los Estados Unidos: una perspectiva

Los Estados Unidos fueron una vez parte de un extenso continente no descubierto y tienen una historia rica y compleja. Una innumerable cantidad de personas y eventos han dado forma a nuestra nación en el pasado y continuarán haciéndolo en el futuro. Esta línea cronológica identifica algunos de los momentos más importantes del pasado de los Estados Unidos: algunos éxitos importantes y algunos grandes desafíos.

LÍNEA CRONOLÓGICA

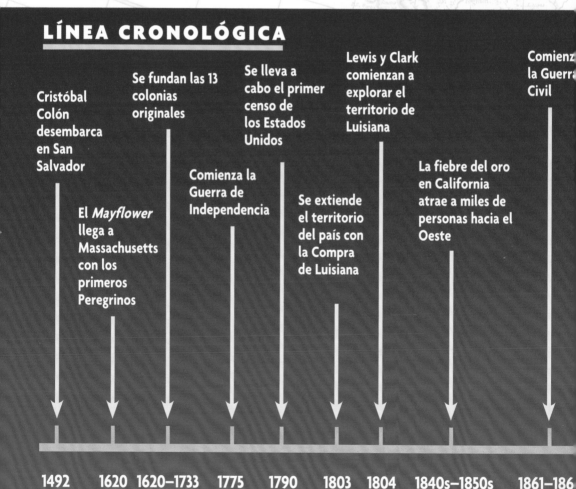

Cristóbal Colón desembarca en San Salvador

Se fundan las 13 colonias originales

Se lleva a cabo el primer censo de los Estados Unidos

Lewis y Clark comienzan a explorar el territorio de Luisiana

Comienza la Guerra Civil

El *Mayflower* llega a Massachusetts con los primeros Peregrinos

Comienza la Guerra de Independencia

Se extiende el territorio del país con la Compra de Luisiana

La fiebre del oro en California atrae a miles de personas hacia el Oeste

| 1492 | 1620 | 1620–1733 | 1775 | 1790 | 1803 | 1804 | 1840s–1850s | 1861–186 |

Has leído acerca de muchos momentos importantes en la historia de los Estados Unidos. ¿Puedes pensar en algunos otros momentos que quieres agregar a esta línea cronológica? ¿Cuándo sucedieron? ¿Por qué son importantes?

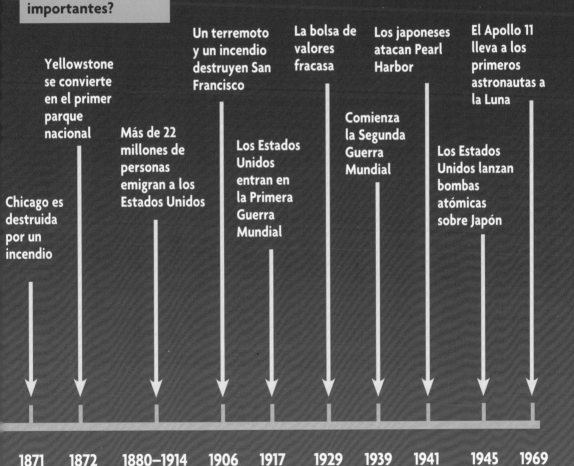

Chicago es destruida por un incendio

Yellowstone se convierte en el primer parque nacional

Más de 22 millones de personas emigran a los Estados Unidos

Un terremoto y un incendio destruyen San Francisco

Los Estados Unidos entran en la Primera Guerra Mundial

La bolsa de valores fracasa

Los japoneses atacan Pearl Harbor

Comienza la Segunda Guerra Mundial

Los Estados Unidos lanzan bombas atómicas sobre Japón

El Apollo 11 lleva a los primeros astronautas a la Luna

| 1871 | 1872 | 1880–1914 | 1906 | 1917 | 1929 | 1939 | 1941 | 1945 | 1969 |

1 Página 5

67 días; unas 47.8 millas por día; 3.6 días

2 Página 5

El orden de los primeros asentamientos: Virginia, Nueva York, Massachusetts, Nueva Hampshire, Maryland, Connecticut, Rhode Island, Delaware, Nueva Jersey, Carolina del Norte, Carolina del Sur, Pensilvania, Georgia

3 Página 7

Las respuestas dentro de 25 millas son razonables; 160 millas; 90 millas; 77 millas; 57 millas; 155 millas

4 Página 9

VA, PA, NC; DE, RI, KY; el doble

5 Página 11

1,170 millas

6 Página 12

Las respuestas variarán; la fórmula es el peso en libras x 16 (onzas) x $260 (dólares por onza). Si pesa 80 libras, por ejemplo, un estudiante valdría $332,800.

7 Página 15

Lincoln, 180; Breckenridge, 72; Douglas 12; Bell 39; 303; 152

8 Página 17

32 por ciento; VA, TN, GA, MO y LA

9 Página 18

Chicago, más de 56 veces

10 Página 21

3,468; 13,068; cinco: Yellowstone, Everglades, Wrangel-St. Elias, Denali y Glacier Bay

11 Página 21

1991–2000 (proyectada); 1901–10, 1981–90; 1911–20 son los siguientes tres más grandes.

12 Página 23

13 por ciento; menor (2 por ciento)

13 Página 24

Tocino, salchichas y mantequilla de cacahuate

14 Página 25

30 millones de libras; 44 millones de libras

15 Página 27

Unas 2,856,000 millas (seis viajes de ida y vuelta)

Glosario

alunizar	acción de descender y llegar a la superficie de la luna
asentamiento	un nuevo lugar donde las personas establecen sus hogares o la acción de establecer hogares en un nuevo lugar
asesinato	muerte planeada de una persona, importante en este caso
bolsa de valores	un lugar donde la gente compra y vende acciones que las compañías venden al público
censo	lista de personas
Colegio Electoral	un grupo de personas llamados electores, elegidos por los gobiernos estatales para elegir al presidente de los Estados Unidos
heredero	una persona que obtendrá de sus parientes un título o dinero
inmigrantes	personas de otro país que vienen a vivir a un país nuevo
patriotas	personas que aman y defienden a su país
región fronteriza	el límite de las colonias
territorio	tierra; una porción de tierra que pertenece a los Estados Unidos pero aún no es un estado

Índice

Aldrin, Buzz, 26

alunizar, 26

Armstrong, Neil, 26

asentamiento, 4–5

asesinato, 23

Bell, John, 14–15

bolsa de valores, 24, 29

Boston, 6–7

Breckenridge, John C., 14–15

británico, 6, 8

California, 12, 22, 28

censo, 9, 28

Colegio Electoral, 14

Colón, Cristóbal, 2–3, 28

compra de Luisiana, 10, 28

Davis, Jefferson, 14

Douglas, Stephen, 14–15

elecciones de 1860, 14–15

esclavos, 16

fiebre del oro, 12–14, 28

Gran Depresión, 24–25

Guerra Civil, 14, 17–18, 28

Guerra de Independencia, 6, 8, 28

heredero, 23

Hiroshima, Japón, 25

incendio de Chicago, 19

Inglaterra, 4–5

inmigración, 21

inmigrantes, 20

Lewis y Clark, 11, 28

Lincoln, Abraham, 14–15

Luna, 26–27, 29

Mayflower, 4–5, 28

Nagasaki, 25

parques nacionales, 20–21

patriotas, 6

Pearl Harbor, Hawai, 25, 29

Peregrinos, 4, 28

Plymouth Rock, 4

Primera Guerra Mundial, 23, 25, 29

región fronteriza, 18, 22

Revere, Paul, 6–7

Segunda Guerra Mundial, 25, 29

terremoto de San Francisco, 18–19, 29

territorio, 10–12, 17, 28

vuelo espacial, 26